This
Book
Belongs to

A a

Ant

A A A A A

a a a a a

A a A a A a A a A a

A a A a A a A a A a

B b

Bear

B B B B B

b b b b b

B b B b B b

B b B b B b

C c
Cat

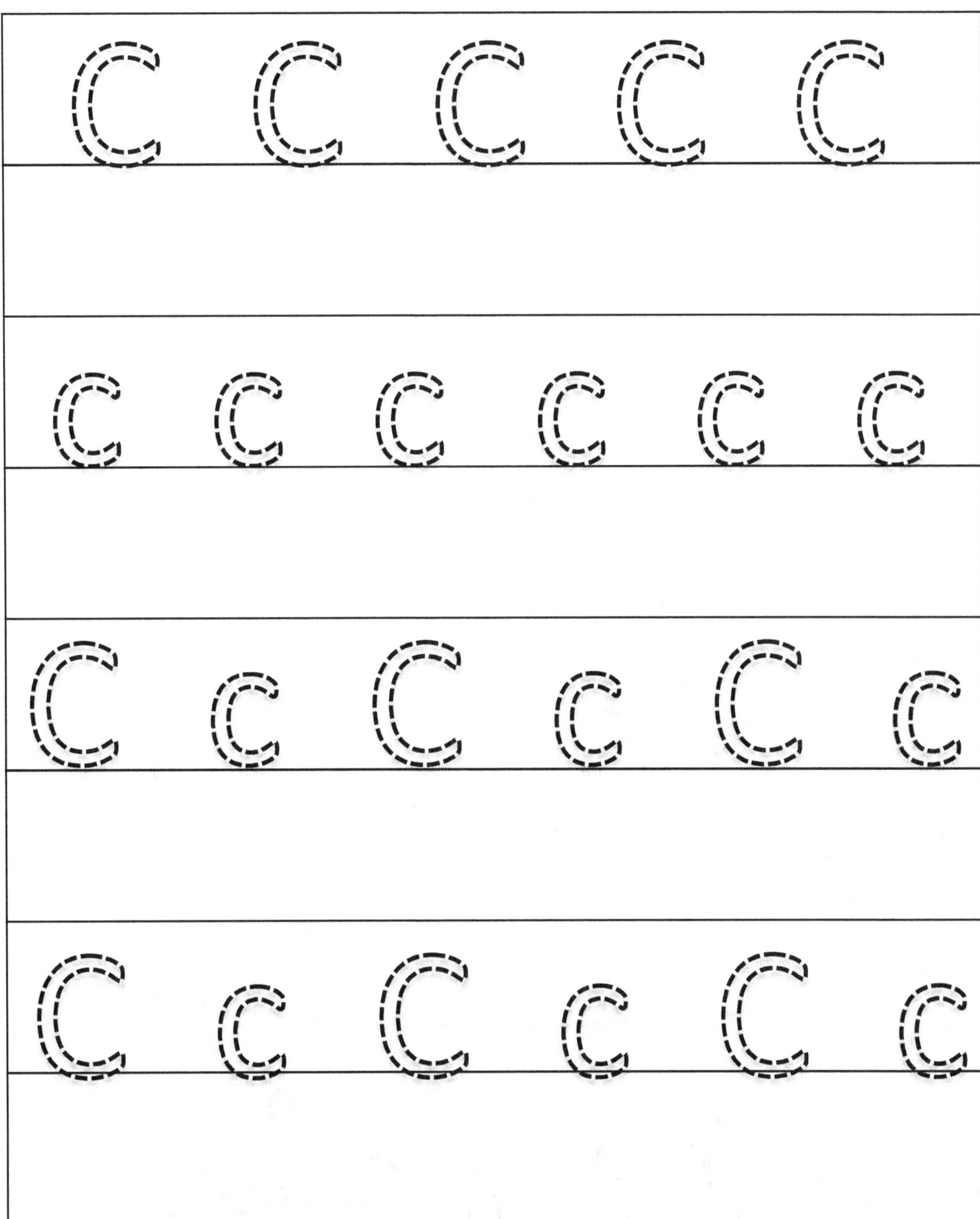

D d

D D D D D

d d d d d

D d D d D d

D d D d D d

E e

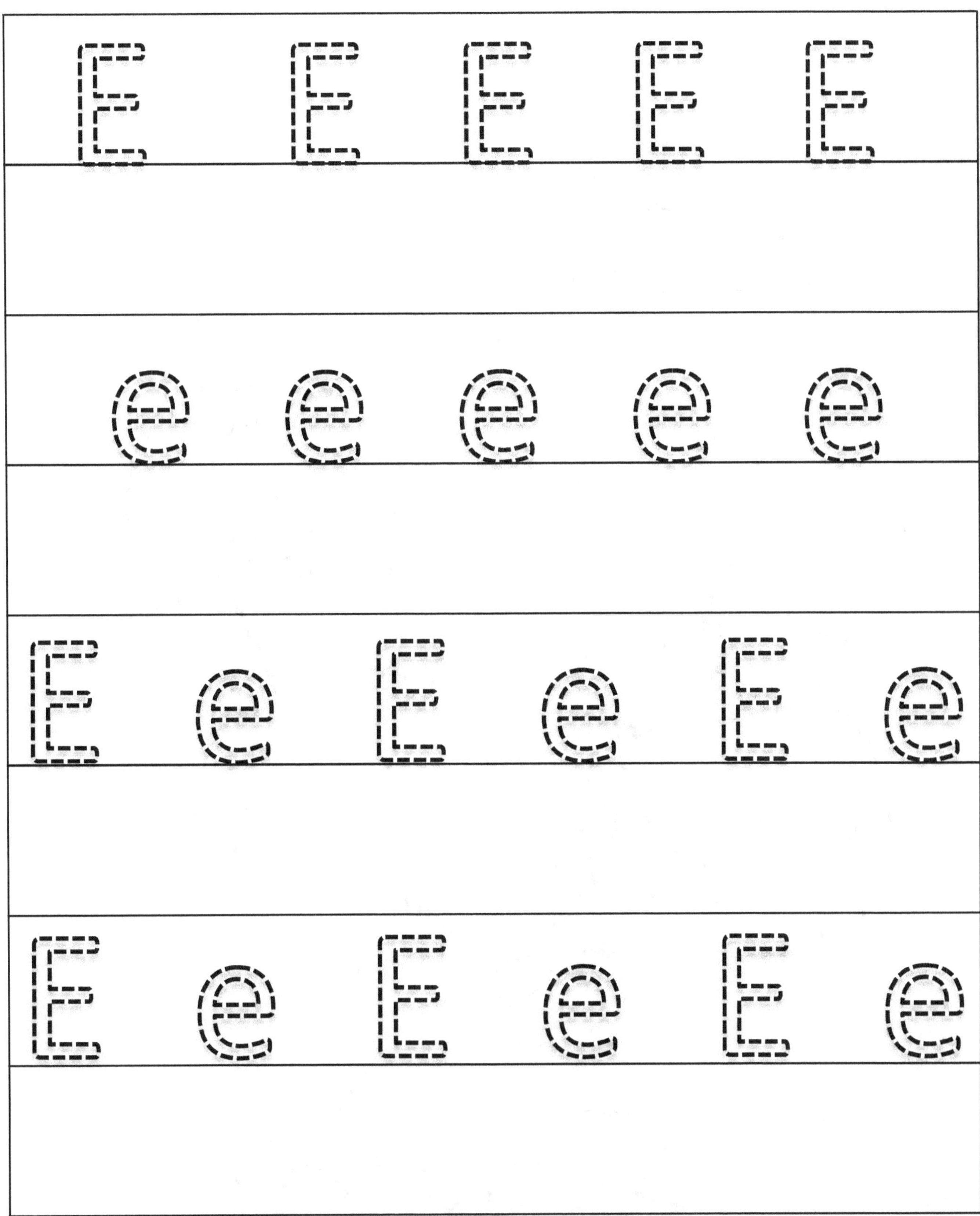

F f

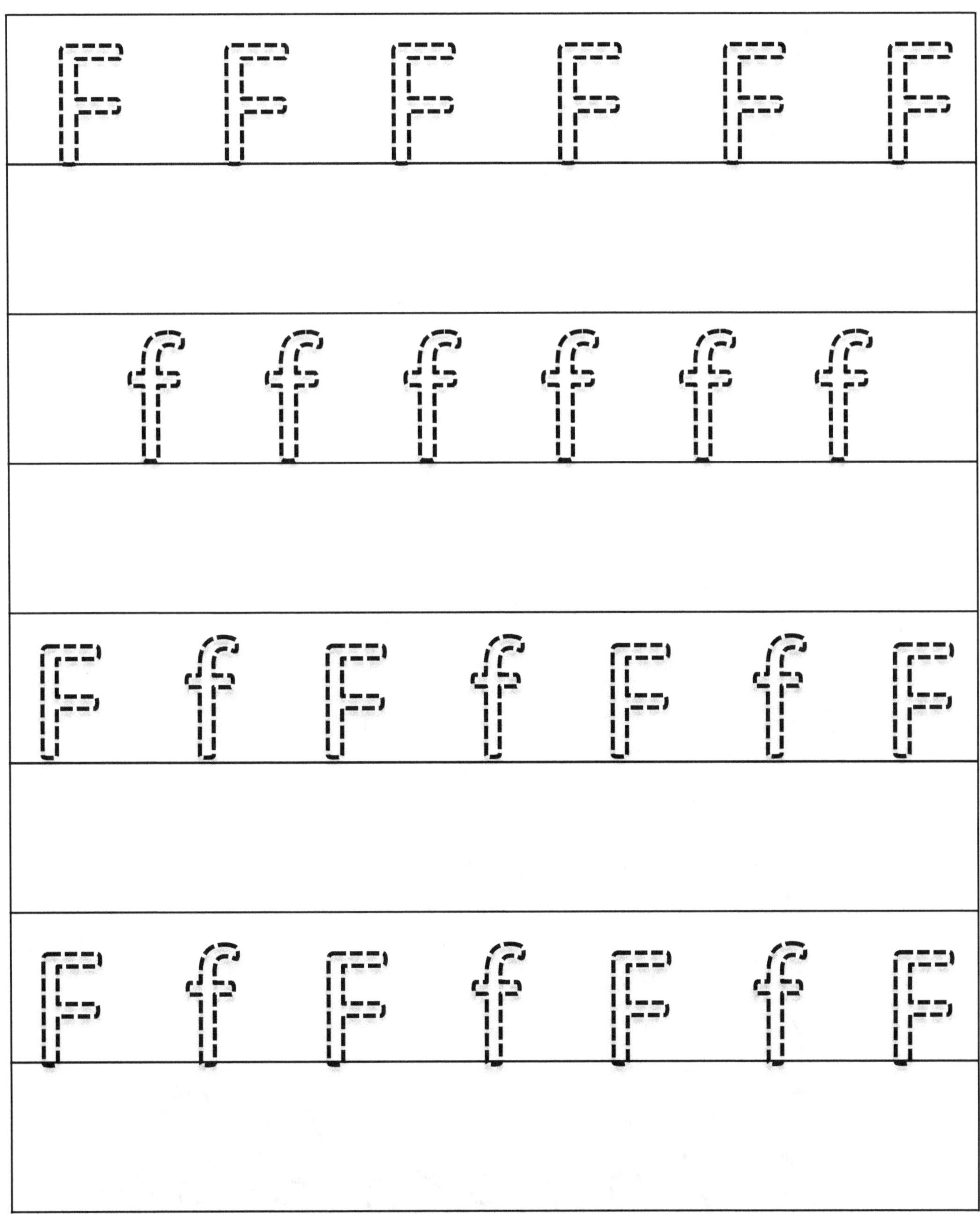

G g

Giraffe

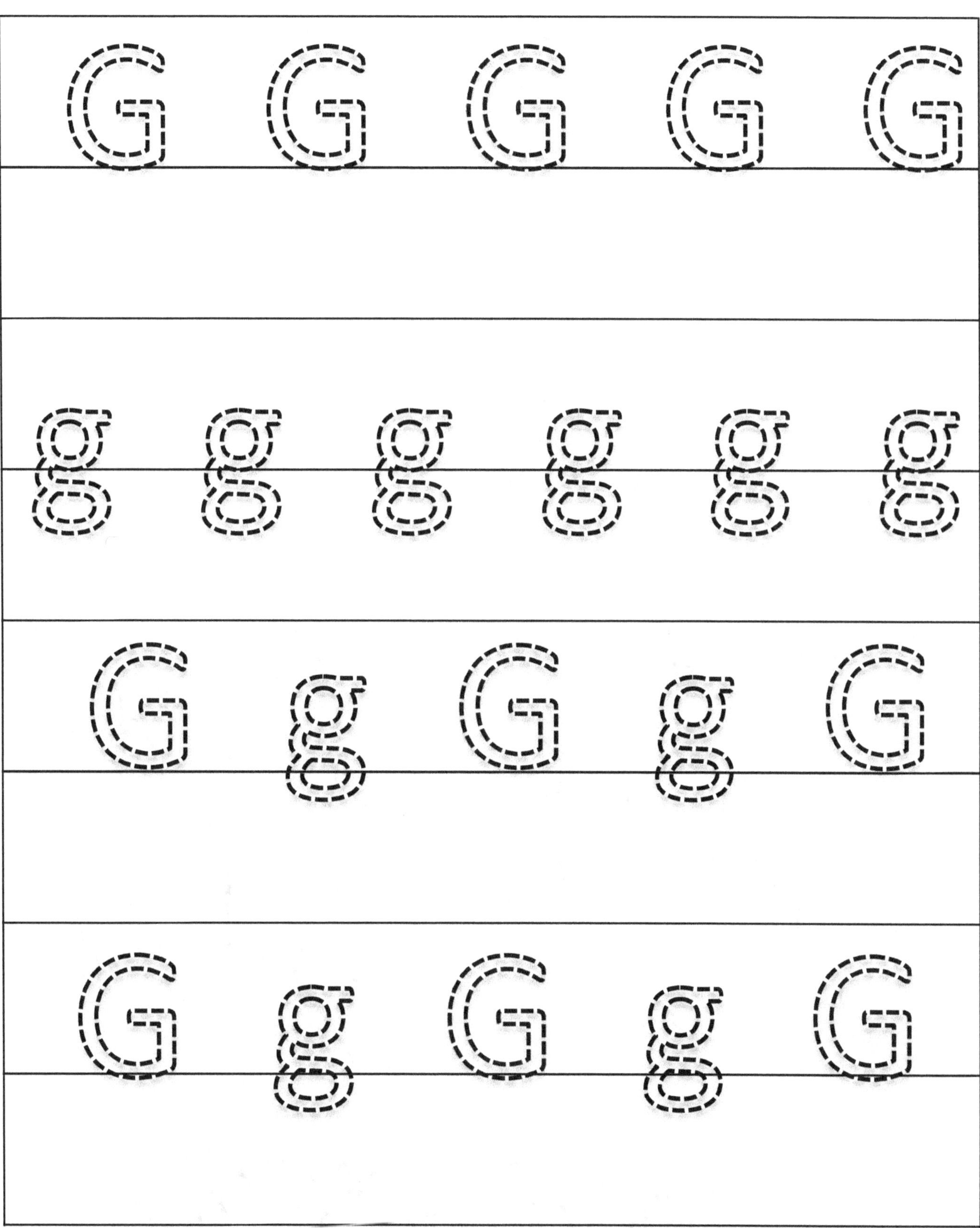

H h
Horse

H H H H H

h h h h h

H h H h H h

H h H H h H

I i

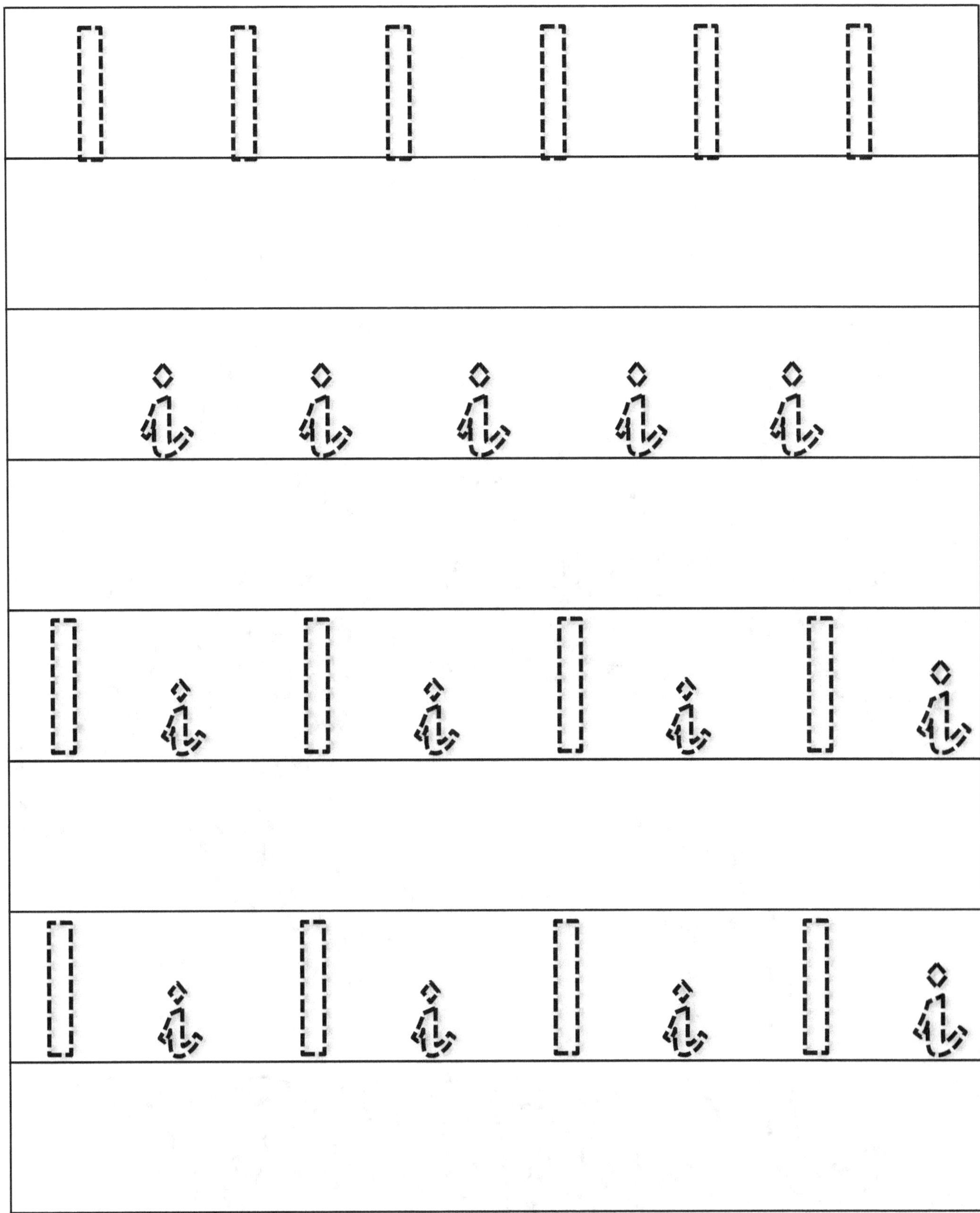

J j

Jaguar

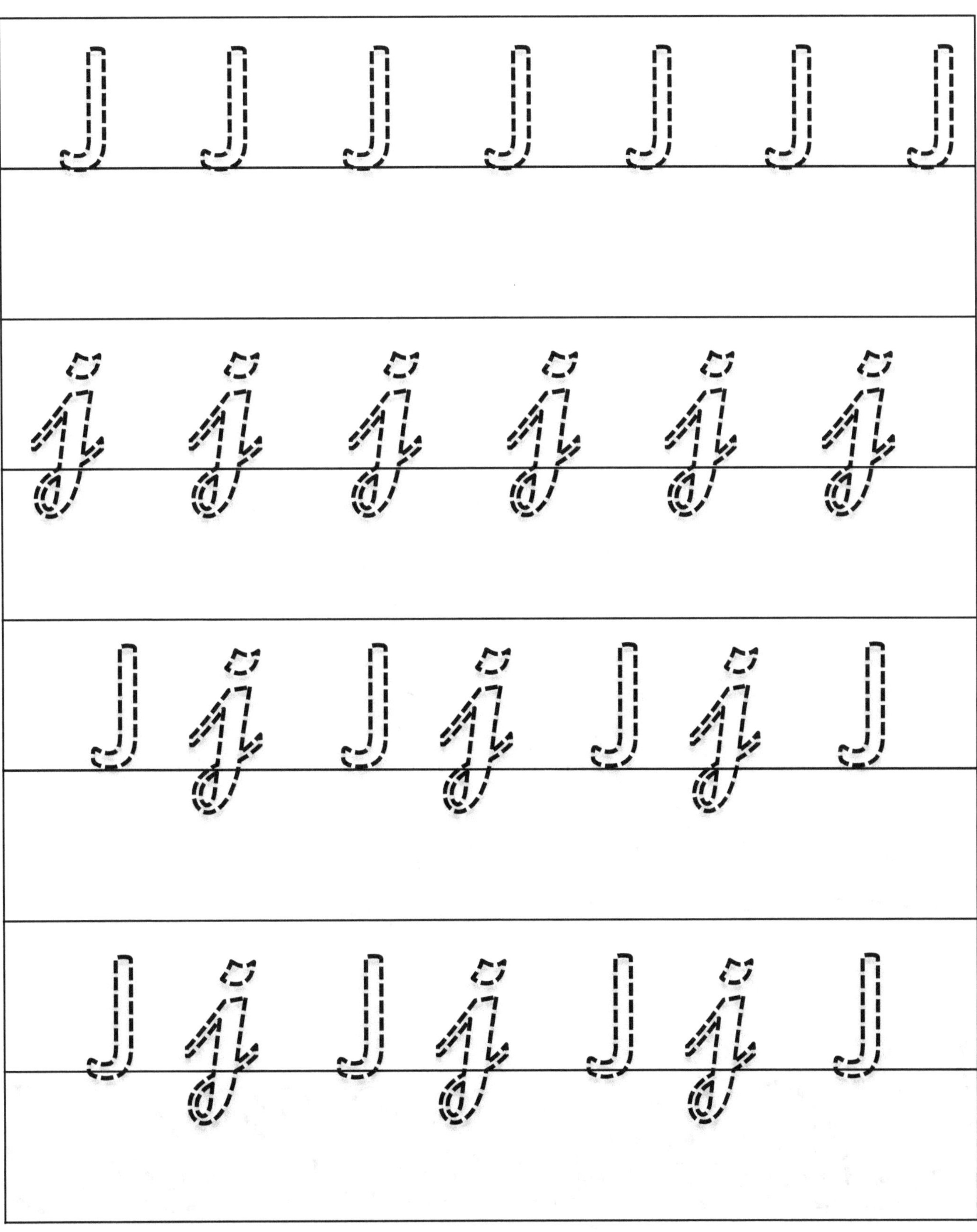

K k

Kangaroo

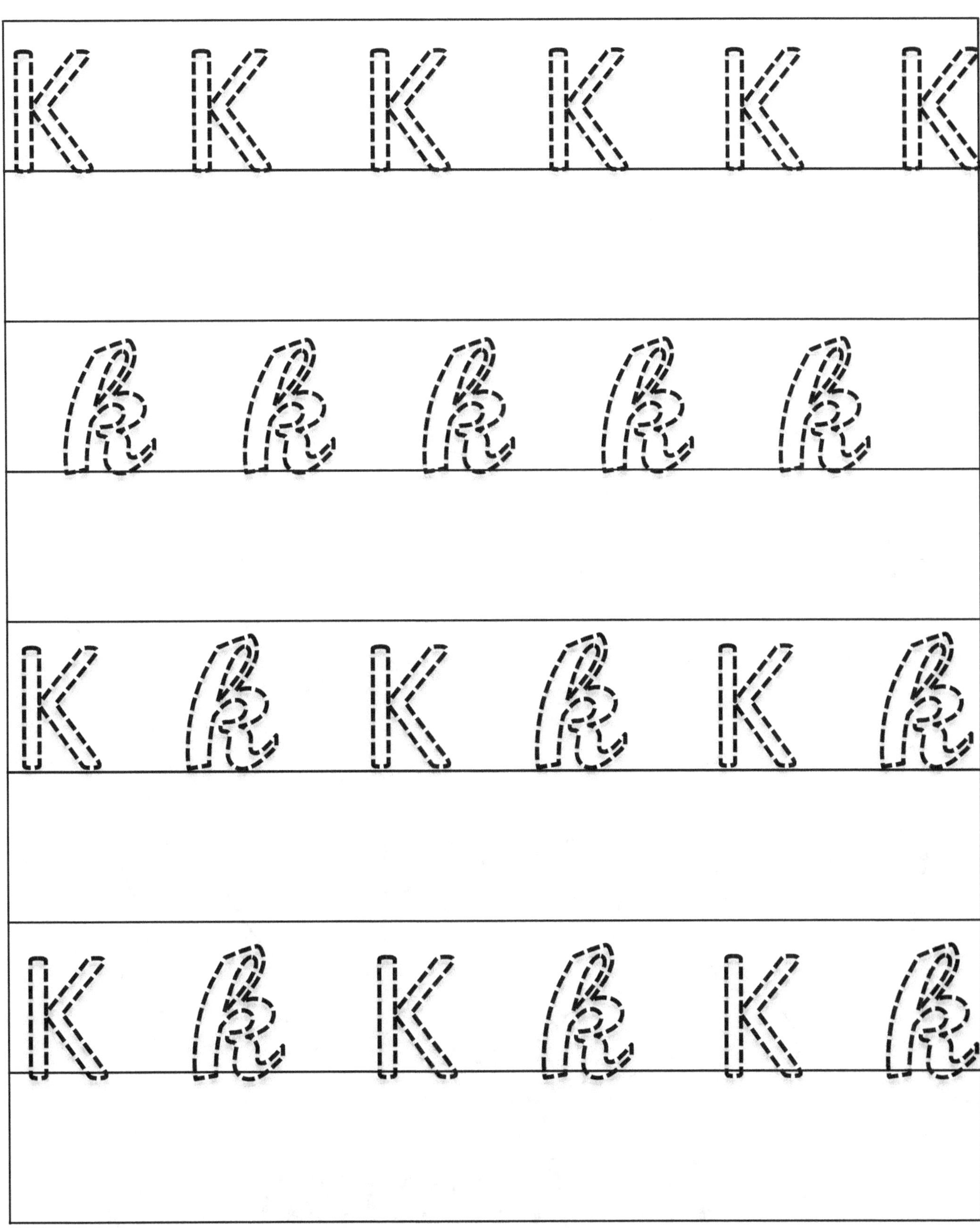

L l

Lion

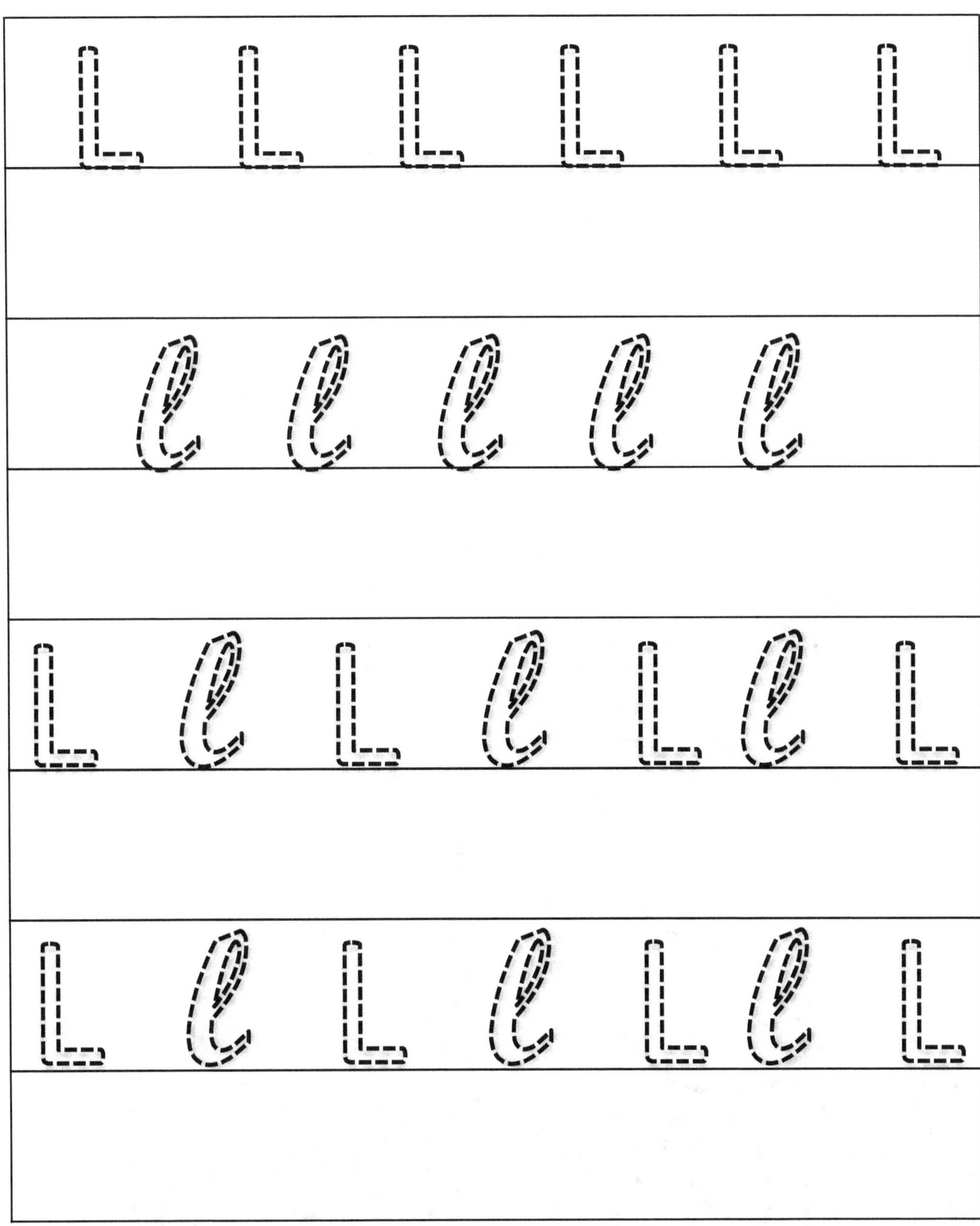

M m

Monkey

M M M M

m m m m

M m M m M

M m M m M

N n

Narwhal

N N N N N

n n n n n

N n N n N

N n N n N

O o
Ostrich

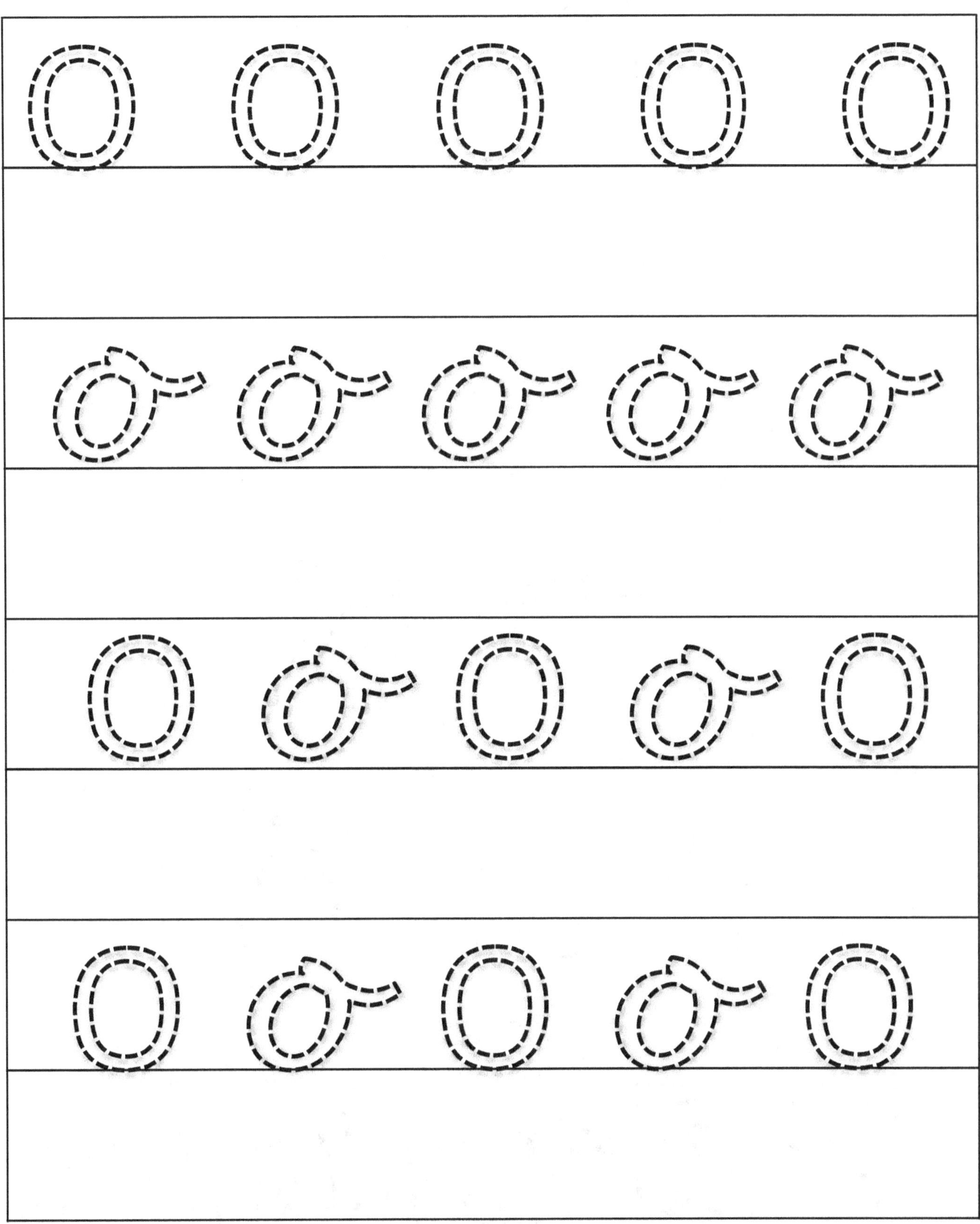

P p

Penguin

P P P P P P

p p p p p

P p P p P p

P p P p P p

Q q
Quail

Q Q Q Q Q

q q q q q

Q q Q q Q

Q q Q q Q

R r

Rabit

R R R R R R

r r r r r r

R r R r R r

R r R r R r

S s

Snail

S S S S S S

S S S S S S

S s S s S s

S s S s S s

T t

Turtoise

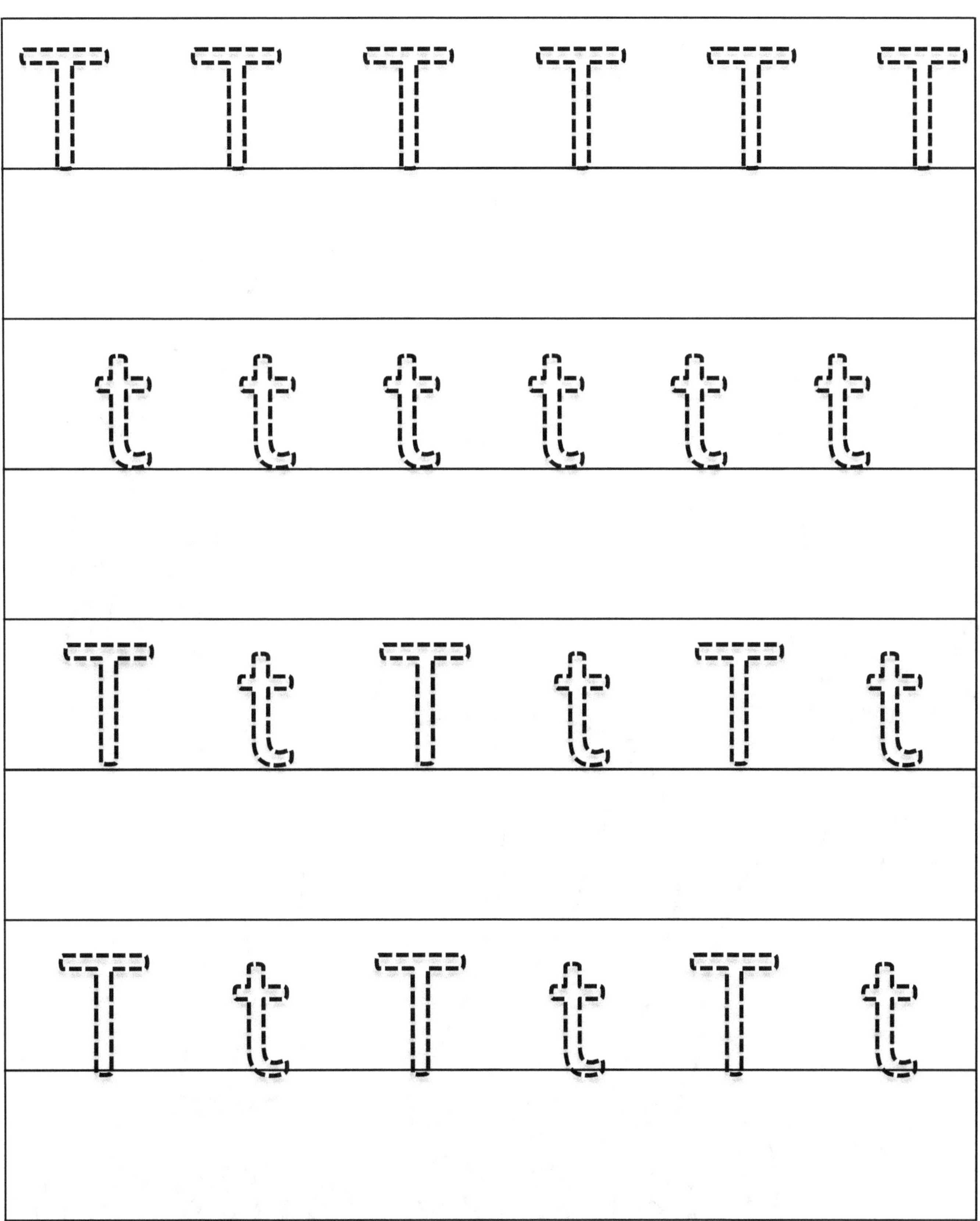

U u
Unicorn

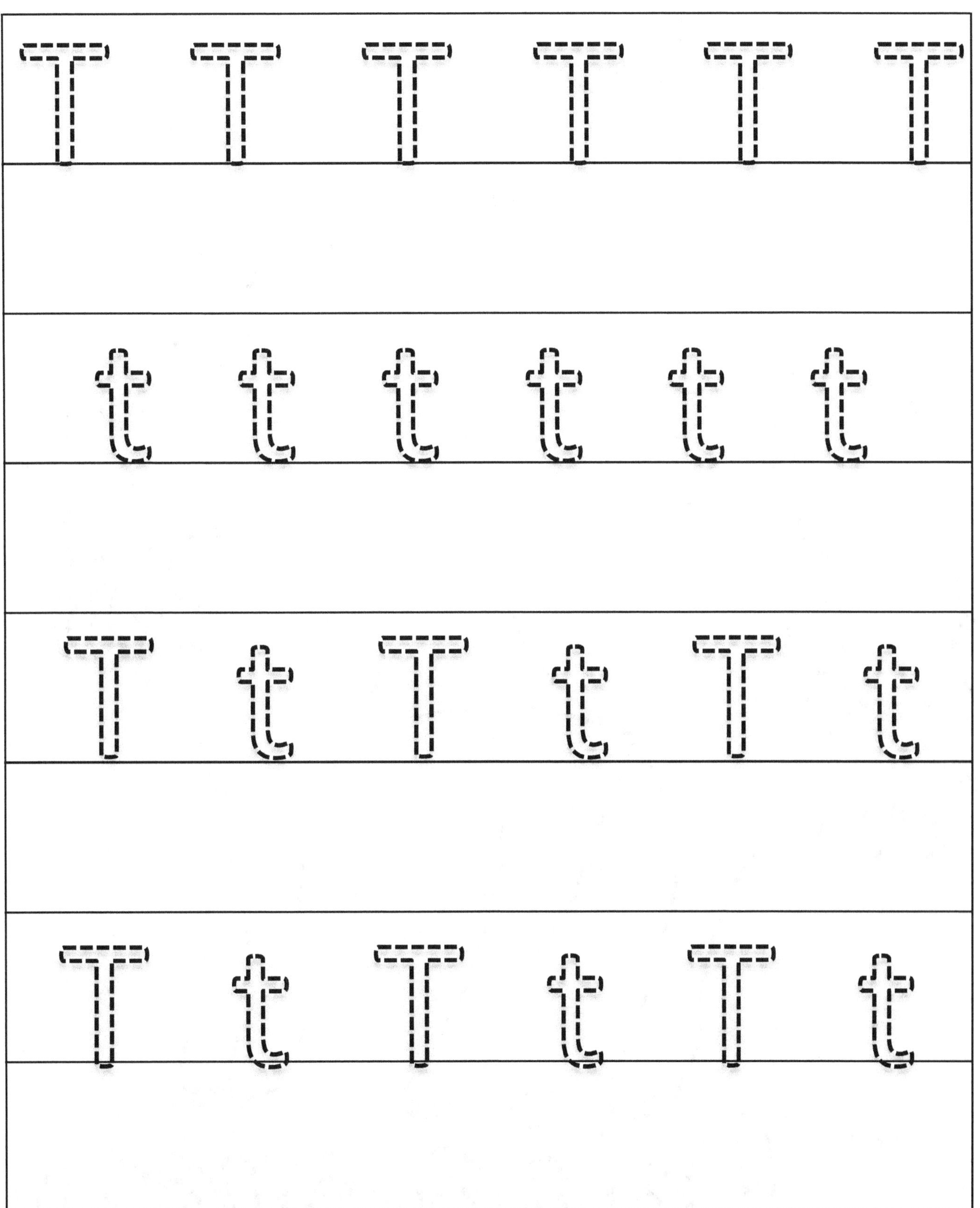

U u
Unicorn

U U U U U

u u u u u

U u U u U

U u U u U

V v
Vulture

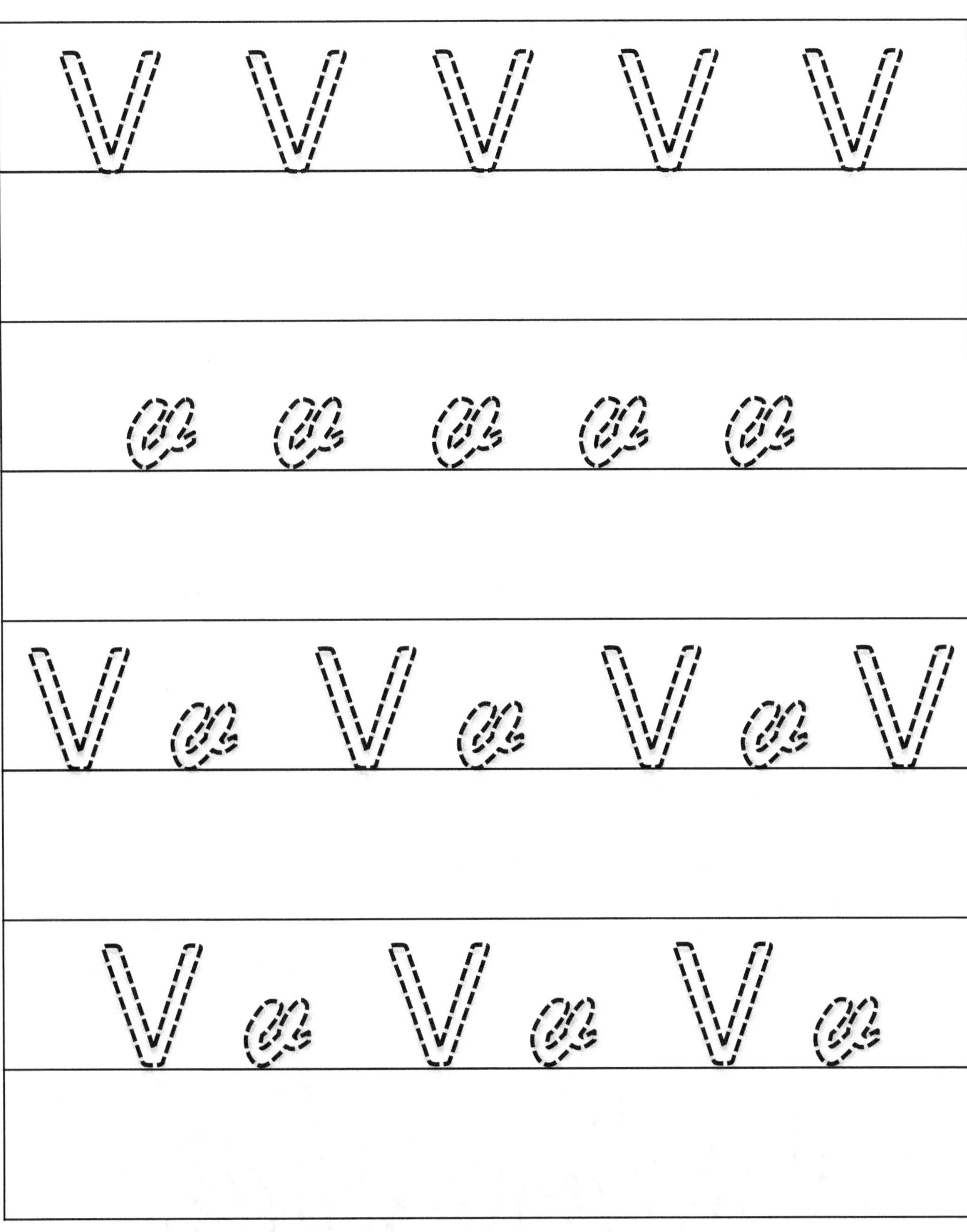

W w

whale

W W W W

w w w w w

W w W w W

W w W w W

X x

Xenops

X X X X X

x x x x x

X x X x X x

X x X x X x

Y y
Yak

Y Y Y Y Y

y y y y y

Y y Y y Y

Y y Y y Y

Zz
Zebra

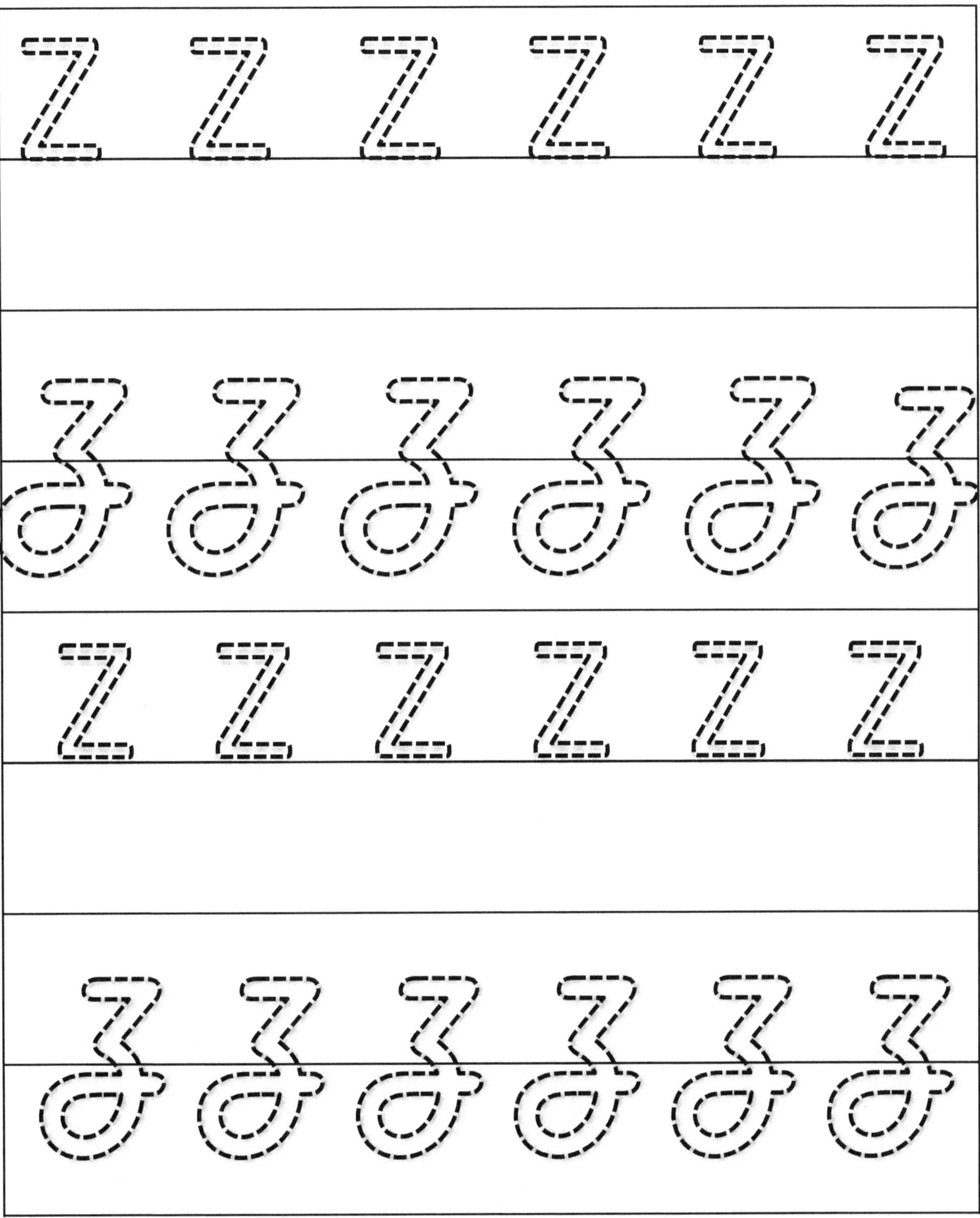